AF340490

RÉCLAMATION

ADRESSÉE

A M. LE MINISTRE DES FINANCES,

CONTRE

MON ADMISSION FORCÉE A LA RETRAITE,

SUIVIE D'UNE

PÉTITION A LA CHAMBRE DES DÉPUTÉS SUR LES RETRAITES ET L'AVANCEMENT,

PAR M. PICHON,

VÉRIFICATEUR DES DOUANES EN RETRAITE.

Attaquons dans leurs murs ces conquérants si fiers,
Qu'ils tremblent à leur tour pour leurs propres foyers.
(RACINE, *Mitridate*, acte 3, scène 1re.)

Celui qui met un frein à la fureur des flots,
Sait aussi des méchants arrêter les complots.
(RACINE, *Athalie*, acte 1er, scène 1re.)

STRASBOURG,

IMPRIMERIE DE G. SILBERMANN, PLACE SAINT-THOMAS, 3.
1846.

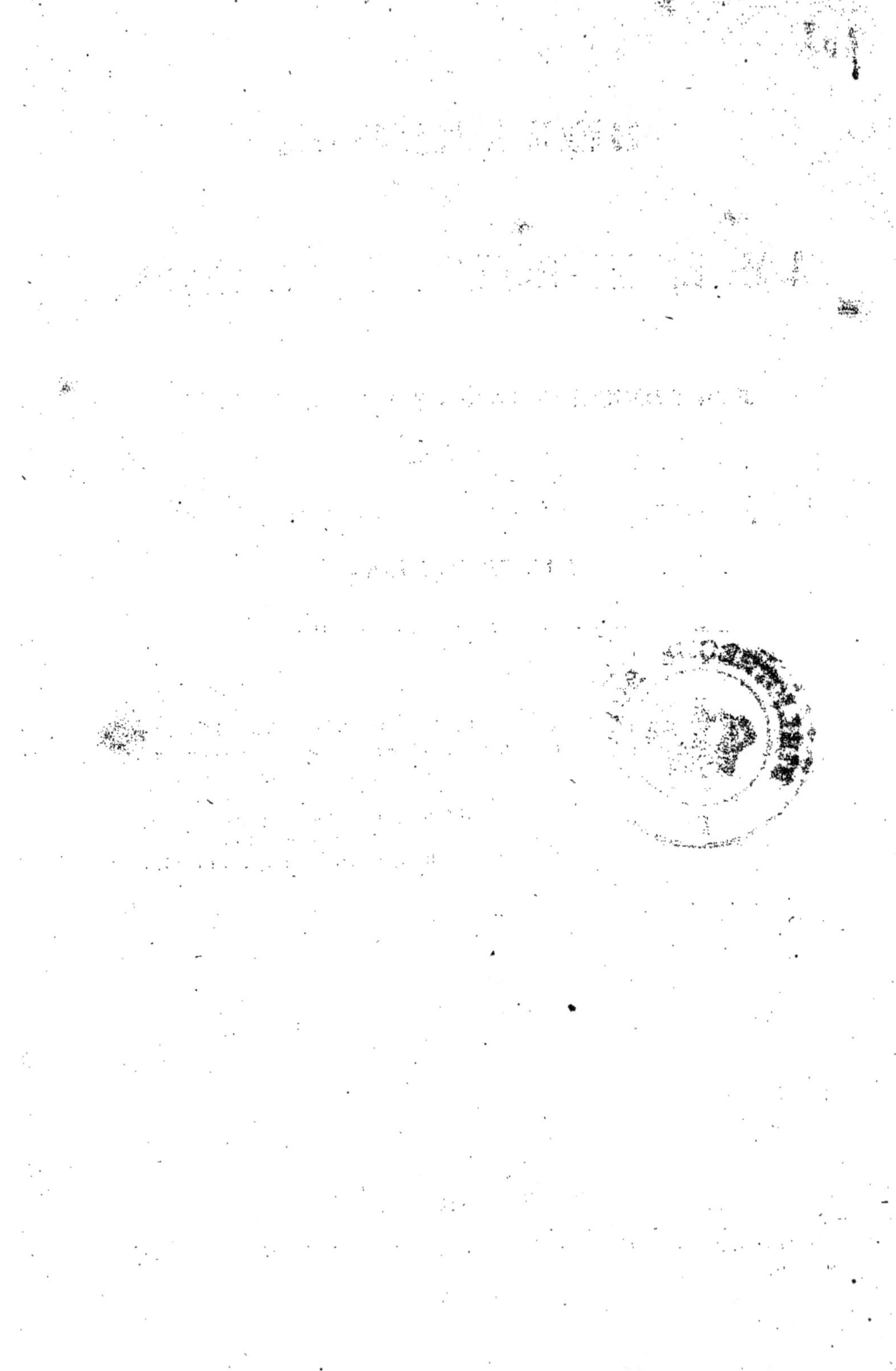

RÉCLAMATION.

I.

Strasbourg, le 10 janvier 1846.

A MONSIEUR LE MINISTRE DES FINANCES.

Monsieur le Ministre,

Dans le courant de juillet 1844, M. Adam, inspecteur-général des finances, se trouvant à Strasbourg en tournée d'inspection, agita avec les chefs de la douane le chapitre de l'admission à la retraite, en prenant, à ce qu'il paraît, pour base de son travail, l'âge, sans nullement s'inquiéter de ceux des employés qui, quoique âgés, étaient encore, par leur bonne santé, en état de continuer à remplir leurs fonctions. Il dédaigna même de faire paraître devant lui ceux qu'il avait notés, pour lui, l'âge étant le thermomètre de l'incapacité de travail.

Porté sur la liste, je fus, Monsieur le Ministre, défendu par mes chefs qui crurent devoir lui faire des représentations sur ma situation personnelle. En effet, j'avais récemment perdu un fils unique, en position, s'il avait vécu, de venir à mon secours en cas de besoin, et ma femme est affligée d'une cécité complète depuis cinq ans. Je dois rendre justice à M. Adam, il parut prendre beaucoup d'intérêt à ma pénible situation.

Je crus en être quitte pour cette fois, et j'étais même si tranquille qu'au commencement de 1845, je m'adressai à l'administration pour obtenir d'elle une augmentation de 200 fr., afin que ma retraite pût être portée au maximum de 1600 fr. Voici copie de la réponse faite à ma demande :

Paris, le 18 février 1846.

AU DIRECTEUR A STRASBOURG.

Vous appuyez, Monsieur, par votre lettre du 8 du courant, une demande de M. Pichon, vérificateur à la douane de votre résidence, tendant à obtenir que son traitement soit porté de 2000 à 2200 fr.

L'administration apprécie avec vous les bons et anciens services de cet employé; mais il lui serait impossible de pourvoir à des augmentations de traitement, alors qu'elle manque de fonds nécessaires pour subvenir à des créations que réclame l'intérêt du service.

Signé GRETERIN.

Vous voyez, Monsieur le Ministre, qu'il n'était nullement question de retraite pour moi au commencement de 1845, et qu'au contraire l'administration était disposée à augmenter mon traitement de 200 fr., et qu'elle regrettait de n'avoir pas de fonds disponibles.

Au mois de juillet dernier, la fatale liste reparut, et j'y fus porté malgré l'intérêt que j'avais inspiré, mais c'est seulement le 4 septembre suivant qu'il m'en fut donné connaissance.

C'est alors que je fis la réclamation dont je joins ici une copie, par laquelle vous verrez, Monsieur le Ministre, que pendant le mois d'août, c'est-à-dire celui qui précède la notification qui m'a été faite, j'ai vérifié 243 déclarations inscrites sur portatif, sans y comprendre les primes et autres opérations non inscrites.

Or, si j'ai pu faire pendant un mois ce nombre de vérifications, il s'ensuit qu'au bout de l'année il sera de 2916, qui, multiplié par le chiffre 8 , nombre des vérificateurs attachés à la douane de Strasbourg , donnera 23,328 opérations inscrites , et le nombre de toutes les espèces de déclarations faites par année dans cette douane, ne s'élève pas , année commune , à plus de 14,000.

Je puis donc faire ce qu'exigent mes fonctions, et même au delà.

J'ai , en outre , constaté pendant le même mois plusieurs contraventions, dont 2 assez importantes pour avoir donné lieu à des poursuites judiciaires, et 6 autres antérieurement, ce qui fait 8 procès-verbaux du 1er janvier au 1er septembre.

Vous voyez, Monsieur le Ministre, par les détails dans lesquels je viens d'entrer et par la réponse de l'administration copiée ci-dessus, que ce n'est pas faute d'aptitude au travail ou par mauvaise conduite qu'on m'admet forcément à la retraite. L'âge que l'on met en avant n'est donc qu'un prétexte, d'où je dois conclure qu'on a besoin de ma place pour la donner à un autre.

Vous n'ignorez pas, Monsieur le Ministre, que les règlements sont en ma faveur : ils portent que les employés pourront faire valoir leurs droits à la retraite, à soixante ans d'âge, mais il n'assignent aucune limite après cet âge au delà de laquelle ils pourront conserver leurs fonctions.

Nous entrons tous dans l'administration par la même porte et aux mêmes conditions, et avons par conséquent les mêmes droits ; pourquoi donc me contraindre à prendre ma retraite quand il existe plusieurs employés, et il y en a même au bureau de Strasbourg, plus âgés que moi, qu'on laisse tranquillement en activité? ne serait-il donc pas plus juste de commencer par les plus anciens?

Du reste, ma situation personnelle est connue. Je n'ai d'autres ressources que mon emploi, et la cécité de ma femme demande des soins que, réduit à ma pension de retraite, je ne pourrai lui donner. Ajoutez à cela que cette malheureuse infirmité m'empêchera toujours d'employer utilement mon temps à me procurer les ressources que je pourrais trouver dans mon travail.

Malgré ces motifs incontestables et incontestés, l'administration n'en a pas moins décidé que je serais admis à la retraite
à compter du 1er février prochain. Il y a dans cette mesure, et
je ne crains pas de le dire, à la fois injustice et inhumanité.

C'est ici, Monsieur le Ministre, que ma tâche devient difficile.
J'ai horreur des dénonciations, et je me trouve pourtant, malgré mon aversion, forcé de vous signaler, pour ma défense, quel-
ques-unes des erreurs les plus marquantes commises à mon
préjudice dans la distribution de l'avancement, car je ne veux
parler que des plus flagrantes et qui peuvent être vérifiées au
premier abord.

Mais non, Monsieur le Ministre, l'habitude d'une longue su-
bordination, le respect pour mes chefs contracté pendant une
carrière de quarante-deux ans; l'obligation où je serais de faire
intervenir des noms propres, et enfin mes habitudes de probité
et d'honnêteté, me font réserver les révélations que j'aurais à
faire à l'époque de *l'enquête sévère et impartiale que je vous
supplie d'ordonner sur ma conduite et mon travail pendant tout
le temps que j'ai servi l'administration, enquête où je dois être
appelé pour expliquer mes griefs et répondre à ceux qui pour-
raient m'être reprochés.*

Au reste, Monsieur le Ministre, si l'administration veut éviter
cette marche toute loyale et toute propre à faire ressortir de
quel côté est le juste et l'injuste, elle n'a qu'à rétablir les choses,
à mon égard, dans l'état primitif, et me faire ainsi récupérer, par
une continuation d'activité, une partie de ce que j'ai perdu
par le défaut d'avancement auquel j'ai eu le droit de prétendre.
De cette manière j'aurais lieu d'être satisfait et le trésor ne
serait pas grevé de 1400 fr. par an.

Je vous prie, Monsieur le Ministre, d'excuser la longueur des
détails dans lesquels je viens d'entrer et de considérer que mon
admission forcée à la retraite est un coup mortel porté à ma position, et que certainement, malgré cela, je n'aurais pas réclamé,
si je n'étais pas chargé, par l'attachement et les lois divines et

humaines, de pourvoir aux besoins d'une malheureuse créature affligée de cécité.

Je me recommande donc, Monsieur le Ministre, à votre justice et à votre humanité, en vous suppliant de m'aider dans ma pénible tâche, en me maintenant en activité. Cette précieuse faveur de votre part ne dérangerait et ne ferait tort à personne; au contraire le budget serait dégrevé d'une somme de 1400 fr. par an.

Daignez agréer, etc.

II.

M. Pichon a formé auprès du Ministre des finances une réclamation contre la décision de l'administration des douanes qui l'admet à faire valoir ses droits à la retraite, à partir du 1er février prochain.

Ce n'est point les rapports de l'inspection générale des finances, mais bien les renseignements fournis par les chefs de la direction de Strasbourg qui ont motivé la mesure dont se plaint M. Pichon. L'activité qu'exigent les fonctions dont il était chargé ne pouvait plus se concilier avec l'âge qu'il a atteint; le Ministre lui exprime ses regrets de ne pouvoir, dès lors, accueillir sa réclamation.

Paris, le 5 février 1846.

Pour le ministre et avec son autorisation,

Le maître des requêtes, directeur du personnel des finances.

III.

Strasbourg, le 8 février 1846.

AU MÊME.

Monsieur le Ministre,

J'ai reçu le 7, à quatre heures, la lettre que vous m'avez fait l'honneur de m'adresser le 5, par laquelle vous me faites connaître que ce n'est point les rapports de l'inspection générale des finances, mais bien les renseignements transmis par les chefs de la direction de Strasbourg, qui ont motivé la mesure dont je me plains.

Maintenant que je connais la vérité, je viens, Monsieur le Ministre, désavouer et vous prier de regarder comme non avenu ce que je vous ai dit dans ma lettre relativement à l'inspection des finances, et il n'en sera point fait mention dans la publication que je compte faire de tous les détails relatifs à ma mise forcée à la retraite.

Mais qui n'aurait pas été trompé, Monsieur le Ministre, quand un inspecteur sédentaire vous fait venir dans son bureau et vous dit en propres termes : « M. Adam est ici ; il ne vérifie pas le ser- « vice, mais il a beaucoup parlé de retraites. Il a désigné quatre « employés de ce bureau, au nombre desquels vous vous trou- « vez ; mais soyez tranquille, nous vous avons défendu, M. le « directeur et moi, en lui faisant connaître votre fâcheuse posi- « tion, causée par la perte récente de votre fils et la maladie de « votre femme. Il a paru y prendre beaucoup d'intérêt. Ménagez « votre santé et soyez exact comme vous l'avez toujours été, cela « n'aura pas de suite. » Voilà mot à mot ce que m'a dit M. l'ins- pecteur sédentaire, et, depuis, il n'a cessé de répéter à toutes les phases de cette affaire : « Nous ne pouvons pas faire autrement,

« l'inspection des finances est là. » Une autre fois : « M. le directeur
« est bien peiné, il a retardé jusqu'à la veille de son départ pour
« signer son rapport. » Et puis quand il m'a remis la lettre de
l'administration qui annonce que je suis admis à faire valoir mes
droits à la retraite, il en regarda la date qui est du 5 janvier, et
dit : « Ils ont été bien pressés, le rapport du directeur n'est parti
« qu'à la fin de décembre, et encore à compter du 1er février.
« D'ordinaire, ce n'est qu'au commencement des trimestres que
« ces mesures se prennent. »

Voilà, Monsieur le Ministre, sur quels fondements était assise
la sortie que j'ai faite contre l'inspection des finances, et que je
regrette sincèrement de vous avoir transmise.

IV.

Strasbourg, le 6 février 1846.

A MONSIEUR LE MINISTRE DES FINANCES [1].

Monsieur le Ministre,

Je n'ai point encore reçu de réponse à la réclamation que j'ai
eu l'honneur de vous adresser le 10 du mois dernier, et cepen-
dant je suis remplacé.

Cette mesure indiquerait, Monsieur le Ministre, que votre in-
tention ne serait pas de me répondre, sans doute parce qu'ayant
renvoyé ma lettre à M. le directeur général des douanes pour
avoir des renseignements, et que celui-ci n'ayant pu vous en
donner de satisfaisants, il a été trouvé plus commode de ne rien
dire. En effet, que répondre à ce dilemme, ou il y a une limite
d'âge ou il n'y en a pas ; dans le premier cas, *tous les employés
doivent s'y soumettre sans exception;* dans le second, vous ne

---

[1] Cette lettre est partie la veille du jour où j'ai reçu celle cotée n° II.

pouvez, sans injustice, m'atteindre, puisque je vous ai prouvé que je puis remplir mes fonctions comme par le passé.

Au reste, pour en finir, Monsieur le Ministre, de suppliant que j'ai été jusqu'ici, je me porte accusateur, et j'accuse M. le directeur général des douanes d'avoir été injuste à mon égard dans la distribution de l'avancement. Cette accusation, je la soutiendrai dans *l'enquête* dont je vous renouvelle la demande. Elle devra porter principalement sur les faits suivants, laissant de côté les nombreux passe-droits antérieurs :

1° Une place de contrôleur a été créée au bureau de Strasbourg : on l'a donnée à un employé qui ne pouvait y prétendre.

2° Une augmentation de 200 fr. a été accordée au même bureau et a été donnée à un commis principal de première classe, ce qui a porté son traitement de 2000 à 2200 fr., taux d'appointements inconnu jusqu'alors, pour ce grade, à la douane de Strasbourg.

Que m'a-t-on répondu quand j'ai demandé une pareille augmentation ? « Que malgré les bons témoignages de mon directeur, « mes bons et anciens services, on ne pouvait pas m'acorder ma « demande, faute de fonds disponibles. »

J'aurais bien encore quelques faits à citer ; mais comme ils sont ultra-scandaleux, je me réserve d'en faire mention dans l'enquête, si cela est nécessaire à ma défense. Voilà pour le personnel.

Ici je n'accuse plus, Monsieur le Ministre ; mais je vais faire passer sous vos yeux quelques faits que je crois propres à vous faire apprécier la manière dont l'administration remplit sa mission.

Tarification.

L'administration voulant ranger dans la bimbeloterie les couleurs sèches en boîtes, tarifées, par la loi du 28 avril 1816, à 38 fr. 50 c., donna des ordres, et les perceptions se firent en conséquence. Il en est résulté que le commerce a réclamé et obtenu le remboursement du trop perçu.

Ceci se passait avant la dernière édition du tarif. Malgré cet échec, la nouvelle édition persistant à ranger dans la bimbeloterie ces mêmes couleurs, de nouvelles liquidations ont eu lieu au taux de 86 fr. 50 c. Le commerce ayant de nouveau réclamé, a obtenu une deuxième fois le redressement de cette perception.

Les tresses de paille, d'écorce et de spath fines, sont tarifées à l'entrée à 5 fr. 50 c. le kil., soit 550 fr. le quintal, et les cabas, etc., fabriqués avec ces mêmes tresses, n'acquittent comme vannerie à dénommer que 38 fr. 50 c. également du quintal. Aussi on n'acquitte plus de tresses fines pour la fabrication de ces objets, et la main-d'œuvre reste à l'étranger.

Publication et vente du tarif officiel.

Le tarif officiel qui se vend 8 fr., a été composé, à l'administration, par des employés soldés par elle; par conséquent, point de frais de rédaction, mais seulement ceux de papier et d'impression, et comme il a été vendu en grand nombre, il doit y avoir eu un grand bénéfice. On demande si l'excédant de la recette sur la dépense a été porté au budget des recettes; on demande encore pourquoi les employés n'ont-ils pas profité de la remise dont ils ont joui lors de la vente des précédentes éditions.

Flans à plomber.

Le plomb étant une matière très-lourde, et se tirant en grande partie de l'étranger, subit deux transports, d'abord de la frontière à Paris et de Paris aux bureaux de douanes, plus un emballage à Paris. Ces frais dépassant la valeur de la matière brute, ne serait-il donc pas plus économique de faire couler les flans sur les lieux mêmes où ils sont employés, d'après un modèle donné par l'administration, sous la surveillance des chefs?

Ce mode augmenterait le produit du plombage, qui diminue tous les jours, sans que le commerce eût un surcroît de dépense. Ce vœu est exprimé par tous les employés, mais ils n'osent le faire connaître.

Impressions.

Lorsqu'on a centralisé à Paris la confection des registres et autres impressions pour toute la France, on a, si j'ai bonne mémoire, passé des marchés avec des fournisseurs qui ont déposé des types à l'administration. Ces types ont été adressés par elle aux directeurs pour servir de point de comparaison avec les objets fournis par les adjudicataires.

Une des principales conditions était que les papiers devaient être marchands et pareils aux types.

Les directeurs devaient, après examen, faire connaître la différence qu'ils auraient pu remarquer, soit dans la reliure, soit dans le papier. Je ne sais si cette marche est encore suivie. Quoi qu'il en soit, on a remarqué que souvent les registres étaient composés de papier de plusieurs teintes et qualités, ce qui indiquerait qu'ils ne sont pas marchands : la reliure en est généralement mauvaise.

C'est un fait que MM. les inspecteurs des finances peuvent aisément vérifier dans leurs tournées.

Il résulte bien évidemment, Monsieur le Ministre, des détails ci-dessus, que l'administration des douanes est mal dirigée; que son chef abuse de la délégation qui lui a été faite pour nommer aux emplois; qu'il ne comprend pas qu'étant à la tête d'une grande administration publique, il ne doit pas agir comme un fermier général, c'est-à-dire, distribuer l'avancement à qui bon lui semble, sans faire attention aux droits acquis.

Point de réponse à cette lettre.

AU PUBLIC.

Puisque M. le ministre des finances, juge naturel entre l'administration des douanes et moi, décline sa compétence dans le litige qui existe entre nous, en me refusant l'enquête que j'ai sollicitée, je me vois forcé d'en appeler au bon sens public, laissant le scandale qui peut en résulter à la responsabilité de ceux qui l'ont provoqué.

Voici en quelques mots ce qui est arrivé. Les chefs de la direction de Strasbourg m'ont fait admettre à la retraite sur deux motifs également faux.

Le premier, parce que l'inspection des finances le demandait, disait-on, et l'on peut voir par la réponse du ministre des finances qu'elle y est étrangère (voir la lettre n° 2):

Le deuxième, parce que les renseignements fournis par les mêmes chefs expriment que l'activité qu'exigent les fonctions dont j'étais chargé, ne pouvait plus se concilier avec l'âge que j'ai atteint (voir la lettre n° 2 déjà citée).

Ce deuxième motif n'a pas plus de réalité que le premier. J'en appelle à l'honorable commerce de Strasbourg, qui m'a déjà donné tant de preuves de sympathie, et qui, dans cette circonstance, du moins, j'en ai la conviction, mettra ce deuxième motif au nombre des choses controuvées, comme le premier y a été mis par la lettre du ministre.

Les réflexions viennent ici en foule, et sans pouvoir se rendre compte de la mesure aussi illégale qu'inhumaine prise à mon égard. Sous tous les gouvernements qui ont existé depuis que la ferme générale a été supprimée et remplacée par une administration publique, aucun employé valide n'a été forcé à prendre sa retraite, s'il n'y a eu des motifs de lui appliquer cette mesure. On avait alors la sagesse de ménager les fonds de retraite, tandis qu'à présent il faut des coupes réglées de retraités pour assouvir l'appétit toujours croissant des protégés. Le précédent vient d'en être établi. Où s'arrêtera-t-on ? Il est difficile de le prévoir, puisque le budget est là pour fournir les fonds nécessaires.

C'est ici que j'appelle toute l'attention du public, pour qu'il juge sans partialité entre mes persécuteurs et moi.

D'abord, M. l'inspecteur sédentaire qui veut faire passer sur le compte de l'inspection des finances une mauvaise action qu'il a préméditée de longue main envers un de ses subordonnés, et qui ensuite, pour arriver plus sûrement à ses fins, trompe l'autorité chargée de prononcer, en lui faisant un rapport inexact, basé sur une soi-disant incapacité de travail.

Ensuite, pour couronner l'œuvre, M. le directeur, devant qui j'affirme que je remplis mes fonctions aussi bien, si ce n'est mieux, que par le passé, par l'expérience que j'ai acquise; que je prie, pour preuve de mon assertion, de se faire représenter mon portatif où toutes mes opérations sont consignées jour par jour, datées et signées, et qui se refuse à cette preuve évidente, moyen pourtant aussi facile que certain de connaître la vérité, et se contente de me dire qu'il en parlera encore à mes chefs.

J'ai beau le conjurer et lui faire connaître que j'ai besoin, dans ma position, de rester en activité, il est impitoyable, fait partir son rapport, et l'injustice est consommée.

A MESSIEURS LES MEMBRES DE LA CHAMBRE DES DÉPUTÉS.

Messieurs les Députés,

Depuis que vous avez rejeté le projet de loi sur les retraites civiles, le nombre des retraites s'est singulièrement accru et tend encore à augmenter de jour en jour, surtout dans l'administration des douanes.

Il semble que le rejet que vous avez fait du projet du gouvernement soit un motif de ne plus craindre de demander au trésor de fortes subventions.

Il serait donc urgent pour arrêter cette tendance à des dépenses souvent plus nuisibles aux intérêts du trésor qu'utiles au bien du service, qu'il intervînt une loi pour régler tout ce qui est relatif aux retraites, et donnât aux employés des garanties contre l'arbitraire des administrations qui se servent du vague des règlements actuels pour faire admettre à la pension des employés qui, quoique âgés, peuvent encore servir utilement, tandis qu'elles en conservent d'autres qui ne peuvent plus remplir avec assiduité et utilité leurs fonctions.

Cette loi serait, Messieurs les Députés, un grand bienfait pour les employés dont elle réglerait définitivement le sort.

J'appellerai aussi, Messieurs les Députés, votre attention sur l'avancement.

Il n'existe aucun règlement sur cette intéressante partie des services publics. Tout est à la discrétion des chefs d'administration, à l'exception, pourtant, des employés supérieurs qui sont classés.

Une pareille mesure, prise à l'égard des employés inférieurs, leur donnerait une garantie qu'ils appellent de tous leurs vœux.

La certitude qu'une bonne conduite et l'attachement à ses devoirs pourrait faire arriver chacun à son tour à une position sortable, stimulerait le zèle de tous, tandis que, dans le système actuel, il n'en est pas ainsi, puisque toutes les bonnes qualités possibles ne portent aucun fruit, si elles ne sont appuyées par de puissants personnages.

Strasbourg, le 20 mars 1846.